AF245361

V 1034/2

7108.

TRAITÉ
DE LA FABRIQUE ET USAGE DE
LA VERGE VULGAIREMENT APPELLEE JAUGE.

POUR LA MESURE DES VIN, BIERE, SIDRE, ET AUTRES
Liqueurs, renduë universelle pour toute sorte de Mesures & de Pays.
A l'aide de laquelle un chacun pourra en un instant connoistre & sçavoir le contenu
des Vaisseaux dans lesquels lesdites Liqueurs seront envasées.

DEDIÉ
A MESSIEURS LES MAISTRE ESCHEVIN, CONSEILLERS
Eschevins & Magistrats de la Ville & Cité de Metz.

Par le Sieur L. GOUGEON *Professeur Royal, & l'un de leurs Concitoyens.*

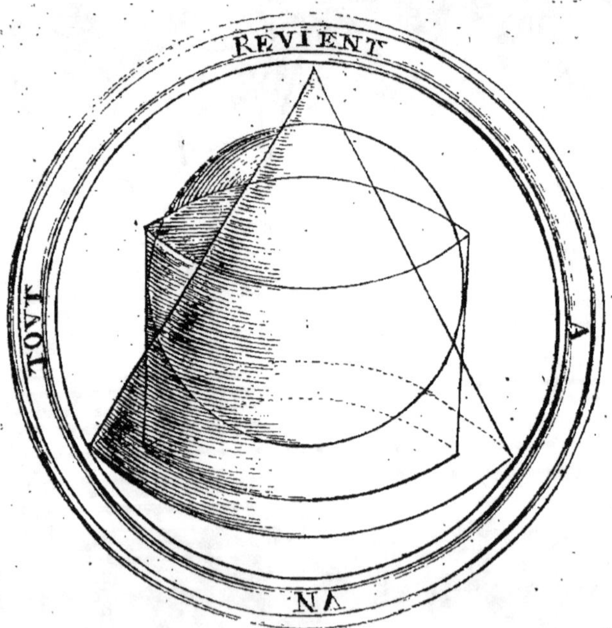

...AIS,

Chez ...RE COLLIC... à l'entrée de la
...rs du Roy & de la ... Je... 1034

A MESSIEURS

LES

MAISTRE ESCHEVIN,
CONSEILLERS ESCHEVINS
ET MAGISTRATS DE LA VILLE
ET CITÉ DE METZ.

MESSIEURS,

IL y a *assez long-temps qu'admirant les grands soins que les Jaugeurs que vous recevez pour le service de la Ville & du Pays, apportent a cacher au public, la fabrique & l'usage de la Verge dont ils se servent, & que je prens la liberté de Vous dedier & adresser icy par un devoir indispensable que vous doit & à sa Patrie,*

A ij

l'un de vos Bourgeois naturels & Concitoyens; Ie fus curieux d'en aprendre la cause, & enfin ayant découvert que le Serment que l'on fait prester tres exactement à tous ceux qui sont receûs, en estoit le seul motif, sans m'informer d'avantage du sujet sur lequel est establie cette loy inviolable, je formay le dessein de les relever de cette facheuse obligation en les rétirant du danger d'enfraindre une promesse de cette force, ainsi tant pour la seureté de leurs consciences que pour l'utilité publique, à laquelle ils ne peuvent point entierement satisfaire, par ce qu'ils ne peuvent estre par tout, je me suis deliberé de mettre en lumiere & en evidence une chose dont la connoissance ne devroit estre ignorée de personne, puisque tout le Monde y est interessé, ils ne doivent pas le trouver mauvais, veu qu'en cela mesme j'ose me flater qu'ils m'auront obligation, que personne n'ignorant cette curieuse connoissance, il ne se trouve aussi personne qui ne soit capable de juger avec justice de l'exactitude de leur pratique, mesme la necessité de se servir d'eux en en toute rencontre estant levée, ils auront plus de repos & du loisir assez pour loüer ou blâmer mon dessein, selon que la passion ou leurs propres interests le leur permettront. En examinant ma methode, ils pourront peut-estre voir si je suis juste & si je dis vray, mesme si ceux dont ils tiennent cette chose, & qu'ils cachent avec tant de soin depuis un si long-temps ne se sont point mespris, ou plûtot s'ils ne se sont pas trompés eux mesmes en s'éloignant des premiers preceptes qui leurs en ont esté donnés, soit par mégard ou autrement, & ainsi devenants capables de corriger leurs *erreurs en ce point, je seray bien aise de leur avoir rendu ce service & à Vous MESSIEVRS, ce devoir d'obligation comme à mes anciens Magistrats, par ce que je suis Messin aussi bien qu'eux, & que je veux estre toute ma vie avec toute sorte de soûmission & de respet.*

MESSIEURS,

Voſtre Tres-humble & tres
obeiſſant Serviteur.

L. GOUGEON.

ADVIS AU LECTEUR.

CE petit Traité contient deux Parties, La Premiere donne la maniere de faire ladite Verge par tout & sur toute sorte de Mesures differentes, Et la Seconde enseigne comme il s'en faut servir. Je suis bien aise aussi de Vous advertir que dans ce Petit discours, je n'y ay pas voulu mettre les Demonstrations de ce que j'y enseigne, afin de ne le pas grossir car le faisant pour toute sorte de personnes, je seray bien aise que son prix n'empesche pas les Pauvres de l'avoir, particulierement les Artisants qui gagnent une partie de leur vie à la Jauge des Tonneaux auxquels ces Demonstrations auroient esté ennuieuses, mesme fascheuses, embarassantes & inutiles, que d'ailleurs les Sçavants n'en ont que faire, puisque dés le moment qu'ils ouvriront ce Livre, ils veront plus claire que le jour ce qu'il contient; je vous avoüe aussi ingenuement que ne cherchant qu'à servir le Public, il m'importe tres-peu où point du tout que je sois blâmé où loüé, pourveu que je m'acquite de ma promesse, & je proteste que je ne porteray jamais envie a ceux qui feront mieux que moy, que j'auray tout le plaisir imaginable d'en apprendre d'eux plus que je n'en sçay; Cependant je ne crois pas que personne (du moins qui soit venüe à ma connoissance) ait encor traité de cette Verge de la maniere que j'en parle, quoy que quantité de Sçavants en ayent écrit, peut eſtre qu'ils l'ont enviſagé comme une choſe qui n'eſtoit point capable de l'occupation de leur eſprit, ou bien qu'ils ne s'en ſont point voulu donner la peine : pour moy paſſant par deſſus tous les deux, j'ay bien voulu vous donner ce petit eſſay afin que ſi vous le voiez d'un bon œil, je ſois porté à faire d'avantage, ſi vous le deſirez, pour voſtre ſervice & utilité.

ARTICLE PREMIER.

Qu'il eſt neceſſaire de connoiſtre la Verge & ſçavoir ſon uſage.

LA fabrique & l'uſage de la Verge eſtant d'une tres grande utilité au Public, particulierement dans les Pays qui abondent en Vin, Bierre, Sidre, &c. Il ny a perſonne qui ne doive eſtre bien aiſe d'en avoir la connoiſſance, tant pour ne ſe pas tromper, que pour ſe parer des tromperies des autres qui ne ſont que trop frequentes & ordinaires dans le commerce ; juſques icy, il a fallu toûjours s'en raporter à la bonne foy auſſi bien qu'à l'habilité ou ignorance de certains qui pour ignorer cette fabrique n'ont pû eſtre ſçavants dans l'uſage, car eſtant obligés de ſe ſervir des Verges d'autres, par ce qu'ils ne les ſçavoient point faire, ils en ont ignoré la bonté où les defauts, & travaillans ainſi ſur l'incertain, ils ont pû facilement tomber en faute, fans mefme le fçavoir, ce qui cependant ne prejudicie pas peu à leur confcience & au bien publique & particulier, puifque par cette voye il n'y a rien de fi facile que de tromper ou d'eftre trompé, en donnant aux uns plus qu'il ne leur faut, & aux autres moins que ce qui leur appartient; je pretends par ainfi relever de cet inconvenient dangereux tous ceux qui prendront la peine de lire avec attention ce petit travail, & qui en fuite reduiront fidelement en pratique le peu de preceptes qu'il contient.

Je l'ay divifé en deux Parties dans lefquelles je me fuis eftudié de me rendre court & intelligent, afin qu'agréant aux uns & n'ennuiant point les autres, chacun puiffe de foy mefme faire lefdites Verges & en apprendre l'ufage fans le fecours de perfonne.

ARTICLE SECOND.

Ce que c'eft que la Verge.

L A Verge dont nous pretendons traiter icy, eft une Ligne ou Regle de bois d'une longueur convenable ayants quatre faces, chacune de quatre lignes de largeur ou environ (& par ce mot de Ligne j'entends la douziéme partie d'un Pouce de Roy) le bois le plus propre pour faire cette Verge, c'eft le Buis, le Poirier, le Cormier, le Noyer & le plus ferme eft le meilleur, par ce
qu'il eft

qu'il est moins sujet à se gercer & moins susceptible d'im-
bibition & de courbure pour plus grande commodité ;
on les fait ordinairement de deux , trois ou quatre pieces
qu'on assemble au bout l'une de l'autre par le moien de
certaines virolles quarrées de mesme que la Verge , les-
quelles virolles se font d'Argent , de Cuivre &c. en sorte
qu'estant ainsi assemblées, elles ne font qu'une seule verge
parfaitement droites. Mais par ce que dans l'usage & la
pratique , il est necessaire de les enfoncer dans les Vaisseaux ou Tonneaux pour en prendre le fond & l'épesseur,
elles pourroient se désunir , & se quittant tomber au fond
sans qu'on les en puisse retirer , pour obvier à cet inconvenient , on fait à ces viroles de certains petits ressorts
dans leurs interieurs pour les serrer & les tenir en estat ,
& ils y sont soudés en sorte que poussant un bout
d'une de ces parties contre l'autre pour les assembler , ils
obeissent , & qu'estant venu jusques au fond de la virole
opposée où qui est au bout de l'autre piéce de la Verge
ils se relaschent pour entrer dans un petit endroit d'icelle
& arrestent le tout ferme.   L'adresse de l'Ouvrier peut
suppléer à ce que le discours ne peut si bien representer
icy , il en pourra mesme inventer qui seront peut estre
plus propres & plus commodes.

    Outre cette Verge disposée & assemblée comme nous
venons de dire, il en faut avoir encor une autre plus petite
de la mesme grosseur & de la longueur comme est haut
le Cylindre où échantillon de la Mesure du Pays ; cette
petite Verge s'appelle la Mediale : Nous en parlerons cy
aprés dans l'Article 10.   B

ARTICLE III.

*De certains Termes & Principes de Geometrie
neceſſaires à l'intelligence de ce petit Traité.*

I. LIGNE eſt le veſtige que fait une Plume , Crayon
ou Pointe ſur un Plan : or cette Ligne eſt courbe,
circulaire ou droite.

La courbe ne fait rien à noſtre ſujet , mais bien la circulaire qui eſt le veſtige fait ou laiſſé par le mouvement
de la pointe du Compas tandis que l'autre demeure ferme
en ſon lieu , & ſi le commencement s'unit à ſa fin , elle
fait un cercle parfait comme A B C dans la premiere figure,
dont le centre eſt E.

La ligne droite eſt le veſtige ou marque que laiſſe ſur
le plan comme ſur une Table bien unie , une Plume,
Crayon ou Pointe conduite le long d'une Régle bien
droite & bien dreſſée comme dans la ſeconde figure la
ligne A B & la ligne droite AF qui paſſe par le centre E
de la precedente figure ou cercle A B C , eſt appellée
diametre.

II. Ligne perpendiculaire ſur une autre ligne A B eſt
celle qui eſt tirée le long d'un Equerre C D , tandis que
l'autre coſté C E eſt couché juſtement le long de la ligne
A B , figure 2.

III. Cylindre eſt un corps rond dans ſa hauteur qui
à ſes deux baſes (c'eſt a dire ſes deux bouts) également

larges, parfaitement rondes aussi bien que le reste du corps, qui est d'une mesme grosseur par tout & sont parallelles l'une a l'autre, c'est à dire éloignées également entre elles dans toutes leurs parties, comme dans la troisiéme figure F E est la mesme que G D & que A B, ainsi A D F sont également éloignées de B C E.

Et le diametre du Cylindre est une ligne droite E B tirée justement par le milieu C d'une des bases ou d'un des bouts du Cylindre aboutissante par ses extremités aux points opposez E & B de part & d'autre, conformement à la ligne A F de la premiere figure que nous avons dit estre le diamétre du cercle A B C.

Les costés du Cylindre sont les lignes perpendiculaires ses deux bouts & sur ses extremités, ces lignes sont A B, D G, F E. &c.

Ce peu de termes bien entendus, que j'ay expliqué le plus mechaniquement qu'il m'a esté possible pour plus grande intelligence aux moins versés dans la Geometrie, il ne leur sera pas difficile de mettre la main à l'œuvre & d'entrer dans la construction de nôtre Verge.

ARTICLE IV.

De l'Echantillon qui fournit les Mesures & Divisions pour mettre sur la Verge.

POUR avoir cet Echantillon, il faut faire faire un Cylindre, c'est a dire vn Vaisseau cylindrique d'Estain, d'Argent ou de Cuivre , ou bien de quelqu'autre metail ou eſtoffe propre a tenir les Liqueurs. Ce Cylindre ſera fait comme la figure troiſiéme le repreſente ; à un de ſes bouts ſera ſoudé & attaché le fond FA, & d'une telle capacité qu'il puiſſe contenir bien juſte la Meſure du Pays pour lequel on pretend faire la Iauge , il ſeroit meſme bon qu'il tinſt un peu d'avantage , mais jamais moins ; Or cette Meſure dont je pretend parler , c'eſt par exemple à Metz & à Treves le Pot, en Champagne & à Paris c'eſt la Pinte , ſelon les lieux où l'on eſt ; il faut avoir ces ſortes de meſures dans la derniere exactitude. Laquelle Meſure eſtant parfaitement pleine de Vin , Bierre, Sidre &c. c'eſt à dire de la liqueur qu'on pretend meſurer avec la Verge qu'on veut conſtruire, on la verſera dans le Cylindre qui pour cet effet ſera diſpoſé comme s'enſuit & ſera par nous cy aprés toûjours appellé Echantillon , par ce qu'effectivement il doit ſervir d'Echantillon ſur lequel on prendra par aprés toutes les meſures & diviſions qu'il faudra mettre ſur la Verge , de la maniere qu'il ſera cy aprés declaré.

ARTICLE V.

Comme doit eſtre poſé l'Echantillon qui doit ſervir à la diviſion de la Verge.

SUppoſez donc tout ce que deſſus, quand vous voudrez faire une Verge ou Jauge pour un Pays qu'on vous aura proposé, ou que vous vous ferez proposé vous mefme, vous choifirez une Table bien unie & droite comme en la figure quatriéme, laquelle vous mettrez bien de niveau, c'eft à dire qu'elle ne panche ny d'un cofté ny de l'autre, ce qui fe connoiftra en mettant un niveau de Charpentier, ou de Tailleur de pierre fur fa fuperficie, & fi le plomb bat toûjours fur la ligne de quelque cofté de la Table que vous pofiez le niveau, c'eft une marque affeurée que la Table eft bien pofée, que fon deffus eft parallel à l'horifon, c'eft à dire de niveau à la Terre, il la faut donc arrefter ferme en cette fituation, puis vous y poferez le Cylindre ou Echantillon vuide, net de toute ordure & bien lavé auparavant, dans lequel vous verferez fort adroitement fans rien répandre, une jufte mefure de Vin ou autre liqueur du Pays ou lieu pour lequel vous pretendez faire voftre Verge, c'eft à dire un Pot, une Pinte &c. Puis ayant donné le temps à cette liqueur de fe remettre dans fon repos à caufe qu'elle a efté agitée en la vuidant; Il faut remarquer jufques où elle remplit le Cylindre comme depuis I jufques en K, & I K pris exactement fera la longueur de l'Echantillon, c'eft a dire du premier Pot, Pinte &c. Et cette longueur fera prife en enfonçant perpendiculairement dans le Cylindre une Verge ou Baguette fort deliée & bien droite fur laquelle on marquera précifement la hauteur I K, & cette hauteur fera la longueur de la premiere Mefure comme je viens de dire, laquelle vous garderez avec foin pour vous en fervir, comme il fera dit cy aprés dans l'article fuivant.

Cela fait vous prendrez auſſi la longueur ou capacité du diametre du Cylindre ſans y comprendre l'épaiſſeur de ſes coſtés, c'eſt a dire le diametre de l'interieur lequel je ſuppoſe eſtre icy F H, & ce avec la meſme exactitude dont vous avez uſé pour prendre I K, vous garderez cette meſure auſſi ſoigneuſement, & pour plus de juſteſſe afin de ne tomber en aucun erreur, il ſeroit tres bon d'avoir une Regle bien droite & bien dreſſée auſſi bien ſur ſa largeur & ſon plat que ſur ſes coſtés, pour y mettre ladite longueur IK avec le diametre F H, en les diſtinguant par leurs noms ou quelqu'autres marques afin de ne prendre point l'un pour l'autre; pour le mieux & plus aſſeuré, une Régle d'Argent de Cuivre ou de quelqu'autre metail ſeroit meilleure que de bois, par ce qu'elle ne ſeroit ſujette à changement, ainſi on auroit ſon Echantillon aſſeuré pour s'en ſervir, comme nous allons dire dans les deux Articles ſuivants.

Remarquez que ledit Echantillon ſe trouvera toûjours par ces pratiques un peu plus long que large, quoy qu'il puiſſe arriver le contraire ſelon la qualité du Cylindre dont on pouroit ſe ſervir pour ce, ce qu'eſtant il n'en ſeroit ny plus ny moins dans le produit cherché, & jamais ou rarement auſſi profond que large, où auſſi large que profond à moins que ce ne ſoit par une aventure heureuſe, où qu'expreſſement on ne le fit par la voie de la Sçience, ce que j'ay fait & en declareray la meſure cy deſſous.

La Proportion de la longueur & largeur dont on ſe ſert aujourd'huy icy eſt de 37 à 28. où comme de cinq poulces 10 $\frac{1}{2}$ lignes de long, a 4 poulces 5 $\frac{1}{2}$ lignes de large, quoy que peu plus de l'un & peu moins de l'autre n'y changeroit rien comme nous venons de dire , & comme nous demonstre la Science de la Geometrie.

Ceux qui voudront faire une Verge sur un Echantillon cylindrique aussi large que profond, la feront sur 4. poulces 10 $\frac{2}{3}$ lignes qui est le calcul le plus juste & rigoureux que j'aye pû trouver.

Et ceux qui voudront avoir un Echantillon parfaitement cubique pour faire la Verge du triangle, tireront exactement la racine cubique de 91. poul 9 $\frac{1}{36}$ lignes qui est le contenu exacte d'un pot d'icy, cette extraction cubique se fera par le calcul le plus rigoureux de nostre Arithmetique decimale, que nous avons fait imprimer la derniere fois.

Il faut encor remarquer devant que de passer plus outre, que le Cylindre que nous avons dessiné cy dessus , n'est fait sur aucune mesure , & qu'il est seulement posé pour exemple, par ce que la capacité de ce Livre ou de la Planche n'auroit esté suffisante pour y en mettre d'une juste mesure, outre que cela auroit esté inutile , d'autant que traitant de toute Mesure, Nous fixer à une particuliere, cela auroit en quelque façon contrarié mon dessein, outre que d'ailleur on ne l'y pouroit tenir juste , par ce que le Papier s'étend dans l'impression & se reserre en seichant quand il en est dehors , il n'y auroit donc nulle seureté de se servir de ce que nous y aurions mis de cette maniere , il suffit donc qu'on conçoive bien ce que l'on doit faire pour

les avoir exactement, & en cas de besoin, on aura recours
aux Mesures precises que nous venons d'en donner pour
icy, où à l'Autheur mesme qui marquera exactement les
Verges que les curieux luy apporteront.

ARTICLE VI.

Mettre exactement les Mesures de l'Echantillon sur la Verge.

AYant prise la longueur I K de l'Echantillon selon
la Mesure du Pays pour lequel vous pretendez faire
vos Verges (laquelle longueur , j'ay dit qu'il falloit prendre avec une Verge fort deliée, d'autant que si elle estoit
d'une grosseur en quelque façon considerable en l'enfon-
çeant dans le Cylindre, elle feroit rehausser ou remonter
la liqueur , par ainsi au lieu de I K vous pouriez avoir
I L, erreur fort considerable & à quoy il faut diligemment
prendre garde) puis ayant vos Verges toutes preparées &
les pieces assemblées comme nous avons dit en l'Article 2.
cy dessus , & comme en la figure 5. La Verge A B sur
laquelle vous porterez neuf fois ladite longueur du Cylindre I K, & qui sont marques A, E, F, G, H, I, D, L,
M , B. Et pour le faire exactement, vous aurez une Regle
comme nous avons dit en l'Article precedent , & laquelle
soit A B en la figure 6. sur cette Regle vous y tirerez
la ligne C D de la longueur de I K , hauteur de la liqueur
qui est

qui est dans le Cylindre que nous, avons representé sur
une Table en la figure 4. & qui doit avoir esté prise
avec l'exactitude que Nous avons prescrite en l'Article
precedent. Cette hauteur I K ainsi posée sur la Regle A B
de la figure 6. sera donc icy C D, qu'on prendra bien
exactement & on la portera neuf fois sur la Verge A B
de la figure 5. si la Verge se trouvoit plus longue, comme
de fait elle doit estre, on continuera d'y porter C D autant
de fois qu'elle pourra la recevoir precisement, par ce que
si aprés avoir (par exemple) porté C D neuf fois ou plus
sur la Verge, & qu'il en reste un bout qui ne soit de
la longueur de C D , on coupera ce bout en bas, c'est
pourquoy en y mettant les viroles , on l'ajustera d'une
telle longueur qu'estant assemblée comme A B de la figure 5. on y puisse mettre C D autant de fois qu'on ju-
gera à propos précisement sans aucun residu ny de C D
ny de la Verge A B , & on distinguera ces hauteurs par
de petites lignes droites traversantes ou par des points qui
seront accompagnés chacun de leurs chiffres, 1, 2, 3, 4, 5,
6, 7, 8, 9, &c. autant qu'il y aura de longueurs précises, sur
la Verge que je suppose toûjours estre de la Mesure du
Pays pour lequel vous pretendez faire ladite Verge.

Or pour marquer ces lignes sur la Verge A B plus exactement vous prendrez une Equerre, laquelle ayant dis-
posé en sorte que l'un de ses costés estant couché le long
de A B, & l'autre passant par chacun des points E, F, G &c.
on tirera les lignes E, F, G, H, I, D, L, M. Tout cela bien
& fidelement executé la Verge sera en estat de servir pour

C

les longueurs des Vaiſſeaux. Mais par ce qu'on pourroit peut-eſtre avoir quelque doute touchant la longueur préciſe qu'on pourroit donner à cette Verge, je ſuis bien aiſe d'advertir icy que (quoy qu'on la puiſſe faire de telle longueur qu'on voudra) elle ſera ſuffiſante de quatre pieds de Roy pour la Meſure des tonneaux ordinaires qui ſe preſentent à Meſurer, s'il s'en trouve de plus longs, on reitére la Verge & ſes parties qui ſont égalles, autant de fois qu'il eſt neceſſaire, la longueur donc de la Verge n'apporte aucun changement dans ſa conſtruction pour la longueur des Vaiſſeaux, il n'en eſt pas de meſme des Diamétres qu'il y faut marquer, en voicy la methode.

ARTICLE VII.

De la conſtruction d'une Table pour les diametres qu'il faut transporter ſur la Verge , & qui ſerve à la Meſure des Fonds.

TOut le fondement de cette Table dependant de la connoiſſance du Diamétre du Cylindre, c'eſt a dire de l'Echantillon fait pour la Meſure du Pays, on prendra ce Diamétre avec la meſme exactitude qu'on aura priſe la longueur, & ce Diamétre doit eſtre l'interieur du Cylindre repreſenté dans la Figure 4. par M N, on prendra donc la Meſure bien préciſe de M N, & on la transportera ſur la régle A B Figure 6. qui ſera marquée

des mesmes lettres MN , puis on la divisera en 100. parties
égalles (car nous nous sommes fixés à ce nombre pour plus
de facilité des Calcules à faire dans la suite) laissant la
liberté d'en prendre tel autre qu'on voudra , & c'est sur-
quoy il faut travailler pour faire la Table proposée
comme s'ensuit.

Supposez donc que le Diamétre de vostre Echantillon soit de 100. parties égales comme nous l'avons sup-
posé ; il faut multiplier 100. par 100. & il viendra au
produit 10000. parties pour le quarré de 100. par où il
se voit que 100. est la racine quarrée de 10000. par ainsi
ce nombre de 100. sera le Diamétre du premier Pot où
Mesure.

Pour avoir le Diamétre de la Seconde Mesure, il faut
doubler le quarré de 100, c'est a dire 10000. qui est le
quarré de la premiere Mesure , le produit de cette multiplication sera 20000. dont il faut tirer la racine , laquelle se trouvera estre par la voie ordinaire 141. $\frac{119}{283}$ qui
font , c'est a dire la fraction Arithmetique $\frac{2}{3}$ & qui est la
racine la plus approchante & précise.

Pour la Troisiéme Mesure, vous triplerez le quarré de
100. c'est à dire 10000. quarré de la Premiere Mesure, le
produit sera 30000. dont la racine extraite sera 173.
$\frac{71}{347}$ ou $\frac{1}{5}$ pour le Diamétre de la Troisiéme Mesure.

Pour la Quatriéme Mesure, c'est a dire le quatriéme
Diamétre multipliez 10000. quarré de cent par 4. pour
avoir 40000. dont la racine sera précisément 200. pour
le requis.   C ij

Et pour le cinquiéme Diamétre , il faut multiplier 10000. par 5. pour avoir 50000 , en tirer la racine qui sera 223. $\frac{2}{5}$ ou environ ; continuez ainſi ſi loing que l'on voudra ſelon la longueur qu'on ſoûhaitera donner à la Verge. La Table qui ſuit s'étend juſques à 100. diametres dont j'ay extraites les racines juſques là , le plus préciſemént que l'Arithmetique ſoit capable de fournir : j'y ay marqué les Fractions le plus intelligiblement qu'il m'a eſté poſſible en leur donnant les dénominations les plus baſſes & les plus faciles , en ſorte qu'il n'y peut avoir d'erreur ſenſible dans le Calcul le plus rigoureux ; Elle ſera donc univerſelle pour tous Pays , de laquelle on pourra ſe ſervir ſans apprehenſion par ce qu'elle eſt fort exacte ſans ſe donner la peine de faire tant de ſupputations ; vous trouverez donc dans cette Table les Diamétres de toutes les Meſures juſques à 100. ce qui peut ſuffir pour une Verge ordinaire.

Quelques Autheurs ſe ſont contentés de reïterer le Diamétre de la premiere Meſure autant de fois ſur la Verge qu'elle le pouvoit contenir , comme nous avons fait des longueurs , mais cela ne peut ſervir correctement que pour les racines des nombres parfaitement quarrés comme pour 4, 9, 16, 25 &c. dont les racines ſont juſtement 2, 3, 4, 5 &c. Coſtés homologues de ces quarrés & les Diamétres de 4, 9. 16, 25 &c. Pots ou Meſures ; il n'en eſt pas de méme des nombres non quarrés qui ſe trouvent entre deux, dont les racines ne ſe trouvent point completes par ce qu'ils ne ſont point quarrés , & que les parties que l'on adjoute icy à ces Diamétres homologues , pour avoir les intermoïens , ne font point égales. Nous avons fuffifamment parlé de ces Nombres non quarrés dans tous les Traités d'Arithmetique que nous avons fait particulierement dans noftre Decimale qui nous enfeigne à en tirer les racines veritables fans erreur perceptible , mon deffein n'eftant point icy d'en parler davantage, ny de toucher une difficulté qui ne donneroit que de la peine & du chagrin aux moins intelligents dans la Science des Nombres. Voiez cependant la Table ci jointe en attendant une methode tout à fait Geometrique pour faire le mefme.

ARTICLE VIII.

De l'ufage de la Table & comment il faut porter les differents Diamétres fur la Verge.

LA Table faite & difpofée comme en la Page precedente , fervira à mettre les Diametres des Mefures jufques à 100. en cette maniere.

On prendra fur la Regle A B Figure 6. le Diametre M N, & on la portera exactement fur la Verge A B Figure 5. de A vers B en continuant autant de fois que que la Verge fera capable d'en recevoir, lefquels font dans ladite Figure 5. O, N, P, Q, R, S, T, V, X, Y, Z, &c. & ces parties égalles font appelléés par les Geométres coftés homologues des quarrés & des folïdes , comme nous avons déja touché en l'Article precedent , & font les Diamétres de 1, 4, 9, 25, 36, 49, 64, 81, & 100 Pots où Mefures du Pays pour lequel la Verge eft faite. Cela fait il faut chercher les Mefures intermoïennes , c'eft à dire d'entre ces égales qui gardent entr'elles une inégalité d'efpace comme 2, 3, entre 1, & 4 5, 6, 7, 8, entre 4, & 9 ; 10, 11, 12, 13, 14, 15, entre 9, & 16, & cette inégalité eft démontrée pour les curieux dans la Figure 7. où A B eft le Diamétre du fond d'un Tonneau qui ne porteroit qu'un Pot ou une Mefure, A C le Diamétre de deux , A D de trois , A E de quatre , A K de neuf &c. Et pour les marquer exactement , on prendra dans la Table cy deffus & dans la colomne A B 1. 41. $\frac{2}{5}$ c'eft à dire une fois le Diamétre M N qu'on prendra à la Figure 6. & 41. $\frac{2}{5}$ parties d'iceluy pour la feconde Mefure , & on portera le tout avec le Compas fur la Verge de O vers N , c'eft à dire que de N vers P, il faut feulement porter 41. $\frac{2}{5}$ parties du Diamétre M N vers P en 2. car dans la Table nous avons diftingués les Diamétres entiers des autres , je veux dire les coftés homologues par un point , par ainfi il fuffira de prendre les fommes qui font aprés lefdits points, & les porter ainfi fur la Verge aprés le où les coftés homologues qui font exprimés avant lefdits Points.

Pour la Troifiéme Mefure ou Diamétre, on prendra de la colomne C D la fomme qui fera aprés le nombre 3. de la colomne A B, c'eft à dire 1. 73. $\frac{1}{5}$ & ayant rejetté 1. qui

est auparavant le Point, il restera 73. $\frac{1}{5}$ qu'il faudra porter sur la Verge de N en 3, & O 3. sera le Diamétre pour
la troisiéme Mesure.

Pour la Quatriéme, par ce que dans la colomne C D
vis a vis de 4. de la colomne A B, il y a 200, le nombre
2. montre que la Quatriéme Mesure est dénotée par les
deux Diamétres O N, N P, par ainsi le Diamétre de ses quatre premieres Mesures sera O P.

Pour la Cinquiéme Mesure, on prendra dans la Table
& dans la Colomne C D, au droit de 5. de la colomne A B,
2. 23. $\frac{3}{5}$ & ayant rejetté le 2. qui est avant le Point, il restera
23. $\frac{3}{5}$ qu'il faut prendre sur M N de la Figure 6. & les
porter sur la Verge de P en 5. Pour la Sixiéme, on prendra
44. $\frac{3}{4}$ qu'on portera de P en 6. Pour la Septiéme, on portera 64. $\frac{1}{2}$ de P en 7. Pour la Huitiéme, on prendra 82.
$\frac{2}{5}$ qu'on portera de P en 8. Et pour la Neufviéme, par
ce que vis a vis de 9 dans la colomne A B il se trouve 300.
cela signifie que le troisiéme costé homologue 9 est le
neufviéme Diamétre qui contient neuf Mesures ; on continuera de faire ainsi de tous les nombres qui se trouvent
dans les colomnes C D, I K, P Q, en marquant toûjours
chaque Diamétre de son nombre selon la progression
Arithmetique des nombres y marqués, & la Verge sera
achevée.

Mais par ce que ces nombres pourroient y causer de
la confusion, il seroit bon de ne les marquer de carac-
theres arithmetiques que de 10. en 10. ou de 5. en 5. ou

bien de marquer seulement les costés homologues 4, 9, 16, 25, 36, &c. cela dépendra de la volonté de celuy qui fera les Verges.

Si vous aviez dessein de faire des Verges plus longues & par consequent capables d'un plus grand nombre de de Diamétres, en ce cas il faudroit continuer la Table en y procedant & extrayant encor des racines au dela, de la mesme maniere que nous avons fait, ladite Verge peut par ainsi estre continuée aussi loing que la necessité le requerra, quoy qu'il soit inutile de la pousser si loing, puis que la longueur de quatre à cinq pieds de Roy est plus que suffisante.

La Verge estant ainsi preparée, il y a encor une piéce necessaire à son usage, & cette piéce est appellée par les Artisans mediale, par ce que par son moien, on a plus de facilité d'égaliser les Mesures differentes des fonds des Vaisseaux & de leur grosseur du milieu ; mais avant que d'en parler, je veux donner icy encor la plus Geometrique & la plus sçavante methode de marquer les Diamétres sur la Verge, afin que si quelqu'un trouvoit à redire à la negligence que nous avons faite dans l'extraction de nos racines de quelques petites parties de Fractions Arithmetiques qui ne sont point pourtant sensibles dans un calcul des plus rigoureux, comme nous avons déja dit cy dessus, il puisse se contenter & les trouver exactement jusques à la derniere minute sans que rien du tout y manque, outre que cette derniere maniere soulagera fort ceux qui ne sont point sçavants dans l'Arithmetique pratique,

& parti-

& particulierement dans l'extraction des racines quarrées

ARTICLE IX.

La Methode Geometrique de marquer au plus juste sur la Verge les differents Diamétres de toutes les Mesures.

CEcy dépend de la 47. 1. où les Curieux pourront trouver la raison & la Demonstration évidente de ce que nous allons dire.

Sur une Table bien unie & bien dreslée, où plûtost un ais fait & preparé expreslement bien uny aussi & bien dressé d'une longueur suffisante pour recevoir la Verge, & d'une largeur sur laquelle on puisse commodement porter le Diamétre d'une Mesure qui a servy d'Echantillon, d'une épaisseur aussi' capable d'empescher un bois bien sec & bien poly de se gercer & tourmenter, soit tirée la ligne A B aussi longue que la Verge que vous desirez faire, & sur icelle porté le Diamétre de l'Echantillon autant de fois que la ligne sera capable de le recevoir comme A D, D E, E F, F G, G H &c. dans la Figure 8. chacune de ces parties égalles sera divisée en d'autres intermoïennes & inegalles en cette sorte. Elevez au point A, la ligne A C, perpendiculairement c'est à dire à l'équerre, de la longueur du Diamétre de l'Echantillon M N, que vous prendrez sur la regle en la Figure 6. prenez en suite la distance de D en C & la portez de A en 2, cette distance A 2. sera

D

le Diamétre d'un Vaiſſeau qui contiendroit ſeulement deux Meſures en la ſuperficie de l'un de ſes Fonds. Pour avoir le Diamétre de trois Meſures, prenez la diſtance de C en 2 & la portez de A en 3. Maintenant la diſtance de C en 3, donnera préciſement celle de A en E déja marquée pour le Quatriéme Diamétre, autrement il y auroit erreur commis dans le tranſport des diſtances inégalles precedemment priſes, ce qui doit auſſi arriver infailliblement en F, G, H &c. & autres coſtés homologues ſuivants qui ſont les Diamétres de 9, 16, 25 &c. par ainſi pour avoir le Diamétre de 5. Meſures, prenez la diſtance de C en E, & la portez de A, en 5. pour celuy de 6. Meſures, la ligne de C 5 ſera portée de A en 6; C 6 de A en 7; C 7 de A en 8, mais C 8 doit tomber juſtement de A en F pour le Diamétre de 9 Meſures, autrement on auroit manqué dans le tranſport des parties inégales & faudroit recommencer pour en trouver l'erreur.

Enſuite la diſtance de C en F ou en 9 qui eſt le meſme ſera tranſportée de A en 10; celle de C en 10, de A en 11; celle de C en 11 de A en 12 ; celle de C en 12. de A en 13; la diſtance de C en 13 de A en 14; celle de C en 14 de A en 15; & celle de C en 15 doit juſtement tomber de A en G ou en 16, quatriéme coſté homologue, ſinon il faudroit recommencer & en chercher l'erreur. Continuez de la ſorte juſques à l'entierre perfection de la Verge, en portant la diſtance de C en 16 de A en 17 ; celle de C 17 de A en 18, celle de C 18 de A en 19 &c. Et obſervés toûjours que les Nombres quarrés tombent juſtement

sur la fin de chaque costé homologue, autrement recom-
mencés & cherchés en la faute. Faites le mesme toûjours
jusques au point B extremité de la Verge que vous desirés
avoir & que vous marquerés de chiffres comme nous
avons dit en l'Article precedent.

Cette longueur A B ainsi divisée & couchée le long
de cét ais d'un bois bien doux, uni & poly comme de
Poirier, Sorbier, ou autre semblable, d'une épaisseur
aussi raisonnable comme nous l'avons dit, servira pour
faire tant de Verges que l'on voudra pour une mesme
Mesure & mesme Pays, en transportant bien proprement
& exactement les divisions de cette ligne A B, qui sont
parfaitement correctes & ausquelles il n'y a rien du tout
à adjoûter ny à diminuer, par ce que cette division est
fondée sur les principes infaillibles de la Geometrie.

ARTICLE X.

De la Mediale & de sa Fabrique.

LA Mediale est une piéce ou morceau de mesme
fabrique que la Verge & separé d'icelle, à laquelle
vous donnerés la longueur de vostre Echantillon IK de
la Figure 4. ou C D dans la Figure 6. il sera fait comme
la Figure 9. le montre, cét Echantillon sera sur une de
ses faces E B divisé en 100 parties égales ou en 20 seulement, car ce dernier nombre suffira, puis l'autre costé

A B fera encor partagé en 20. parties égales qui feront marquées, en forte que le milieu foit marqué de 10 & le refte en decroiſſant de part & d'autre vers A & B. On voit bien par la Figure que le bout B doit eſtre fait en biſeau & que le bout A doit avoir un menton C, & tous deux garnis de Cuivre ou d'Argent, afin de le conſerver toûjours en meſme eſtat.

Il faut donc concevoir par tout ce que deſſus, que la Verge eſtant achevée, elle conſiſte ſeulement en deux piéces qui ſont la grande appellée proprement Verge ou Jauge ſur laquelle nous avons mis les longueurs d'un coſté, & les Diamétres de l'autre, & la Mediale dont nous venons de parler qui doit eſtre de la juſte longueur de l'Echantillon ou Cylindre compoſé d'une meſure de liqueur pour le Pays pour lequel ledit Echantillon a eſté fait, & en cét eſtat on s'en pourra ſervir auec ſeureté à la Meſure des liqueurs du Pays, pour lequel vous l'aurez fait, & c'eſt ce que nous allons enſeigner dans cette Seconde Partie.

SECONDE PARTIE

DE L'USAGE

DE LA VERGE

ARTICLE PREMIER.

De la Mesure des Longueurs.

A Verge estant ainsi faite exactement & achevée dans sa perfection avec sa Mediale, il nous faut icy enseigner à s'en servir & premierement pour les Longueurs. Pour donc se servir des Longueurs que nous avons mises sur la Verge, soit proposé à Jauger le Tonneau A B Figure 10. plein de Vin ou d'autre liqueur, mesme vuide si l'on desire sçavoir ce qu'il peut contenir, on couchera le long du Tonneau A B la Verge, en sorte que le costé des longueurs d'icelle soit vers vous & que vous le puissiez voir distinctement sans la tourner d'avantage, & ayant pris à l'aide d'icelle la longueur juste dudit Tonneau tres exactement, de laquelle longueur ainsi prise, il en faut rabattre l'épaisseur des fonds, cela fait, on marquera sur des Tablettes ou autre part cette longueur ainsi prise & justifiée laquelle je suppose estre

de 24. Mefures ; cela eftant executé fidelement, on procedera à la Mefure des Hauteurs, c'eſt a dire des Fonds
A E, B F & du milieu G H comme s'enſuit.

ARTICLE II.

De la Meſure des Fonds & de la groſſeur du milieu
du corps des Tonneaux avec leur égaliſation.

I'AY déja dit que ſur une des faces de la Verge il y a
les Longueurs qui doivent eſtre diſtinguées des Hauteurs ou Diamétres qui ſont ſur une autre face de la Verge,
& qui doivent eſtre auſſi diſtinguées par quelques marques particulieres, quoy qu'elles ſoient d'elles meſmes aſſez
remarquables, puiſque celles cy ſont diſtinguées par les
parties inégales qu'elles contiénnent, & celles la, je veux
dire celles de la longueur, ſont compoſées par tout de
parties égales ; cela ſuppoſé & bien entendu on prendra
ladite Verge & avec le coſté des Haureurs ou Diametres
on meſurera le Fond A E, en ſorte que dans cette Meſure
l'épaiſſeur de douves c'eſt a dire du bois qui entoure la
liqueur n'y ſoit nullement comptée, & pour eſtre exacte
on fera juſtement cette Meſure par le milieu dudit Fond,
c'eſt à dire le long de ſon Diamétre repreſenté par la ligne
A E, & on marquera à part cette hauteur comme deſſus,
ſur des Tablettes ou ailleurs, laquelle hauteur je ſuppoſe
eſtre icy de 8. Diamétres : cela fait il faut méſurer l'autre

Fond B F, de la mesme maniere que nous avons fait A E & l'ayant trouvé aussi de huit hauteurs, il n'y aura point d'égalisation à faire entre ces deux fonds, puis qu'ils ne sont point inégaux.

On procedera en suitte à la Mesure de la hauteur du milieu du Tonneau G H en cette sorte, prenez la Verge & l'enfoncés perpendiculairement dans le Tonneau par le bondon G, en sorte que son bout posant en H elle suive G H, puis prenant la Médiale A B ci dessus Figure 9. descendés la le long de la Verge jusques à ce que A de ladite Médiale entrant entierement dans le Tonneau, le Menton C soit arresté contre la douve au dedans d'iceluy, puis tenant ferme & la Verge & la Médiale, vous les tirerez toutes deux ensemble hors du Tonneau sans les separer, & le point C de la Médiale marquera sur la Verge la juste hauteur du milieu du Tonneau, laquelle je suppose estre icy de 10. hauteurs, la difference de 8 à 10 est 2, il faut donc prendre la moitié de la distance qu'il y a sur la Verge entre 8 & 10, & l'ajoûter à 8, ce qui se fera habilement à l'aide de la Médiale comme il sera dit dans l'Article suivant, prenés donc bien garde où tombera cette moitié sur la Verge, elle doit tomber icy sur un peu moins que sur 9, par ce que les divisions de ces hauteurs de Diamétres sur la Verge vont toûjours en diminuant, Nous prendrons cependant icy justement 9 pour nostre Diamétre justifié, & pour plus grande facilité de calcul dans ce premier Exemple, & voila ce qui s'appelle égalisation; Cela fait, il faut multiplier la longueur ci deſſus trouvée 24 par le dernier nombre égalisé c'eſt à dire par 9, & il viendra au produit 216. Méſures du Pays pour lequel les Verges auront eſté faites ; ainſi ſi ça eſté pour Longwy, auquel lieu je fay ce petit Traité, pour ce que la hoſte de Vin contient 18. pots, il faut diviſer ces 216. par 10. il viendra au quotient de cette diviſion 12, c'eſt a dire 12. hottes qui ſera le contenu du Tonneau A G B F H E, ſans aucun erreur, & pour Metz où je ſuis à preſent, diviſés 216. par 22. il viendra 9. hoſtes 18. pots pour le requis.

Je ne dis rien du rabais qu'il faut faire pour les liés, lors que les vins ne ſont point traverſés, on ſe conformera pour cela à la coûtume des lieux où l'on ſera, cela eſtant aisé à exécuter, lors que l'on en ſçaura la Loy & l'Ordonnance.

Mais par ce qu'il peut arriver que les fonds des tonneaux ſoient inégaux, c'eſt pour cette raiſon qu'il les faut égaliſer, car s'ils eſtoient comme dans l'exemple allegué, l'égaliſation entre ces égaux n'auroit point de lieu, mais bien toûjours entre l'un ou l'autre des deux & le milieu du Tonneau.

Suppoſons donc que le fond E F du Tonneau en la Figure 11. ait 12. de hauteur, c'eſt à dire de Diamétre, & le fond G H 8, eſtant tous deux mis enſemble, ils feront 20. dont la moitié eſt 10, & que le milieu du Tonneau ſoit 14, ſi ces 14. de hauteur ſont ajoutés à 10. de l'égaliſation des fonds la ſomme ſera 24. dont la moitié eſt 12, ces 12. d'égaliſations ſont un peu plus que la

veritable

veritable que nous trouverons ci aprés à l'aide de la Médiale, ce que j'en fais icy dans cet exemple, n'estant que pour faire entendre ce en quoy consiste la vraye & juste Pratique, & la Longueur du Tonneau estant 26, ces 26. de longueur multipliés par 12. donneront au produit 312. qu'il faut diviser par 18, le quotient de cette division sera 17. hottes 6 pots pour le contenu du vaisseau audit lieu de Longuuy à 18. pots pour chacune hotte, & icy à 22. pots font 14. hottes 4. pots.

Vous pouvez encor pour l'égalisation de ces trois hauteurs inégales, commencer par l'un des fonds, continuer par la hauteur du milieu & finir par l'autre fond en cette forte, commenceant par le fond E F dire 12. & 14. font 26, dont la moitié est 13. 14 & 8. font 22, dont la moitié est 11 ; joignés en une somme ces deux moitiés 13. & 11. feront 24. dont la moitié est 12. comme auparavant.

Gardez vous bien de pratiquer cette égalisation autrement que de l'une ou l'autre de ces deux manieres, comme de prendre, ainsi que quelque uns ont voulu faire, l'un des fonds par exemples 12. avec la hauteur du milieu 14. font 26. dont la moitié estant 13, ils joignent ces 13. au troisiéme fond 8. qui font 21. dont la moitié est 10. $\frac{1}{2}$ seulement & devroit estre 12. conformement aux reductions geometriques comprises en la Figure 11. que j'ay mise expressement, & partant erreur d'une Mesure & demy.

Ne vous servez non plus pour cette égalisation du tiers de l'addition des trois differentes hauteurs, comme quelques autres ont voulu, par exemple d'adjoûter 12. à 14.

font 16. & 8. font 34. dont le tiers eft 11. $\frac{1}{3}$ & devroit eftre 12. félon nos principes , erreur encor de deux tiers, laquelle n'eftant point grande chofe , deviendroit cependant confiderable dans une multiplication un peu forte, comme dans l'exemple ci deffus allegué, il y auroit manque de 17. $\frac{1}{3}$ Mefures & dans la precedente pratique de 39. $\frac{1}{2}$ ce qui eft trop fenfible & confiderable.

Il y a encor des ignorants qui prennent la moitié des trois differents Diamétres pour leur égalifation, cette erreur de plus eft trop exorbitante & trop groffiere pour la refuter , car ce défaut creve les yeux aux moins verfés dans la pratique feulement, il ne faut point de fçience de Géometrie pour le connoiftre.

Ces avis font pour ceux qui mefureront cubiquement avec les parties égales d'une Mefure , le folide d'un corps rond & fait comme un Tonneau , mais à l'égard de noftre Verge comme les fuperficies rondes des fonds & du milieu fe donnent à l'aide des parties inégales qui y font marquées, cette Egalifation fe fera avec la Médiale comme il fera enfeigné dans l'Article fuivant, laquelle fe trouvera toûjours un peu moins a caufe de l'inégalité de ces parties , nous en ferons voire la verité dans un exemple.

Et comme j'ay promis au commencement pour ne point groffir ce livret de ne donner aucune Theorie ny Demonftation, je me fuis donc contenté de mettre dans la Planche la Figure 11. qui demonftrera à l'œil aux moins intelligents en la Géometrie ce que je viens de dire aux trois avis pre-

cedents, remettant pour une autre fois à le faire plus ample
en cas que ce petit essay soit agreablement reçeu.

ARTICLE III.

De l'vsage de la Médiale.

I'Ay dis quelque chose de cette Médiale dans l'Article
précedent, mais pour l'entiere intelligence, il faut
encor sçavoir icy que rarement les Vaisseaux sont de telle
longueur, qu'ils comprennent un nombre précis des longueurs qui sont sur les Verges, de sorte que pour l'ordinaire, il y a le plus souvent, outre un nombre com-
plet de longueurs précises, des demis, des quarts des
tiers &c. & en ce cas par ce que les Fractions ne doivent
point estre negligées, on prend avec la Mediale & son
costé E B sur la Verge ce surplus qui passe ces justes Me-
sures & ce restant par exemple $\frac{1}{2}$, $\frac{1}{4}$, $\frac{1}{3}$ &c. doit encor
multiplier Les hauteurs trouvées qui sont les longueurs
du Vaisseau, comme si l'égalisation des fonds & du milieu
du Tonneau estoit 8 & qu'il y eut $\frac{1}{4}$ au dela des longueurs
précises, il faut multiplier ces 8 par $\frac{1}{4}$ il viendra au
produit de cette multiplication $\frac{8}{4}$ ou deux entiers qui font
deux Mesures & qu'il faut adjoûter à la somme déja trouvée, & on aura le contenu, ce qu'il faut aussi faire des
autres Fractions que je n'enseigne point icy, par ce qu'elles
sont amplement traitées dans les Livres d'Arithmetiques

que j'ay fais imprimer à Luxembourg.

A l'égard de la vraye égalifation des Diamétres tant des Fonds extrémes que du milieu, ayant bien exactement marqué fur la Verge la longueur des deux fonds s'ils font inégaux, vous partagerez en deux également la difference avec la Médiale, en pofant le nombre 10. qui eft au milieu de fa face A B juftement fur le milieu de cette difference, ce que vous connoiftrez eftre jufte, lorfque des nombres égaux de devant & aprés 10. tomberont juftement fur le commencement & la fin de cette difference comme 5. & 5, 6, & 6, &c. Cela eftant vous ferez une marque fur la Verge vis à vis des 10 de la Médiale & effacerés les deux autres, remarquant diligemment fur quel Diamétre juftifié cette derniere marque tombera, vous égaliferez de la mefme maniere ce Diamétre juftifié avec celuy du milieu, pour avoir enfin voftre égalifation correctement faite, & ce dernier avec fes parties, s'il y en a, fera multiplié par les longueurs & leur Fractions, auffi s'il y en a, pour avoir le contenu du Vaiffeau propofé, un exemple éclaircira ce que je viens de dire.

Cherchés l'égalifation entre 16 & 6, prenant la moitié de la fomme de ces deux nombres ce feroit 11. cependant par la pratique de noftre Médiale, ce ne fera que 10 $\frac{1}{2}$ par ce que fi vous prenez la moitié de la diftance qui eft entre 6 & 16, cette moitié ne tombera juftement qu'entre 10. & 11., ce qu'il eft aifé d'experimenter fur la Figure 8. & ce qui feroit encor bien plus palpable & fenfible, fi les Mefures eftoient de leurs longueurs naturelles.

Vous voyés maintenant, que les parties égalles qui font fur l'un des coftés de la Médiale, comme fur E B , fervent à trouver les Fractions des longueurs, & que les parties égales qui font fur l'autre A B lefquelles vont en diminuant du point du milieu 10. jufques à un vers l'une & l'autre extremités fervent a faire l'égalifation jufte des differents Diamétres qui fe trouvent dans les Vaiffeaux propofés , ce qui ne fe peut autrement faire correctement , a caufe que les parties qui font fur la Verge pour les Diamétres font inégales , car fi elles eftoient égales comme celles des longueurs, il n'y auroit qu'a adjoûter les parties de deux Diamétres differents en une fomme & en prendre la moitié pour en avoir le moien juftifié ou égalisé, comme nous avons dit cy deffus , mais a caufe de cette inégalité nous faifons le mefme d'une autre maniere , en ajoûtant les deux longueurs continuës differentes , fans avoir égard à leurs parties, en une, dont nous prenons la moitié que nous appliquons derechef fur la Verge pour fçavoir combien cette moitié juftifiée contient de parties inégales marquées fur ladite Verge pour les Diamétres.

Voila donc tout le fecret de la Jauge & de l'ufage de la Verge , comme l'on s'en eft fervy jufques icy , j'en diray mon fentiment dans la fuite , pour laquelle bien pratiquer vous voiez qu'il faut fçavoir du moins les premieres Régles de l'Arithmetique fimple tant en nombres entiers qu'en fractions.

E iij

ARTICLE IV.

De la Mesure des Cuves & Cuveaux.

CEtte methode de Mesurer & Jauger les Tonneaux
s'eftend auffi aux Cuves & Cuveaux, pour lefquels,
il faut mefurer avec le cofté des longueurs leurs profondeurs, comme auffi les Diamétres de leurs fonds & celuy
de leurs bouches avec les Diamétres de la Verge , puis
les ayant égalifés, comme nous avons dit en l'Article precedent, multiplier l'un par l'autre, puis divifer le produit
de cette multiplication par la quantité des petites Mefures
du Pays dont eft compofée celle qui les contient , par
exemple le fond de la Cuve à de Diamétre 12. hauteurs,
fa bouche en a 16. lefquels deux Diamétres continue-
ment pris enfemble & juftifiés feront par exemple 13. $\frac{2}{3}$
pour la jufte moitié des deux mis au bout l'un de l'autre & non pas 14. comme quelqu'un voudroit bien pour
les raifons que nous avons deduites en l'Article 3. fa pro-
fondeur eft 10. fi donc 10. multiplie 13. $\frac{2}{3}$ il viendra 136. $\frac{2}{3}$
qu'il faut divifer par 22. par ce qu'il faut icy 22. pots pour
une hotte , le produit de cette divifion fera 6. hottes
4. $\frac{2}{3}$ pots pour le contenu de la Cuve, ainfi des autres
Vaiffeaux cylindriques & coniques.

La methode de cet Article peut fervir de preuve &
d'examen pour ceux qui fe contentent feulement de la

pratique au Jaugeage des Tonneaux precedents, en les prenant comme deux Cuveaux assemblés par leurs bouches de mesme & égalle ouverture , & cet assemblage representera la grosseur du milieu du Tonneau comme en la Figure 11. C D E F, & C D G H, Jaugez les tous deux à part par la methode de cet article , & faites en une somme, elle ne produira ny plus ny moins que les 312. mesures trouvées en l'Article 2. precedent ; par exemple E F estant 12. & C D 14. feront en tout 26. dont la moitié est 13. que nous avons bien voulu admettre sans rigueur, qu'il faut multiplier par la longueur B I qui est la profondeur d'un des Cuveaux C D E F, & qui est encor de 13. par ainsi 13. fois 13. font 169. qu'il faut mettre à part. Venons maintenant au Cuveau C D G H , 14. & 8. font 22. dont la moitié est 11. que nous avons bien encor voulu prendre pour l'égalisation veritable , quoy qu'elle soit un peu moins par la Médiale , par lesquels 11 multipliez la demy longueur du Tonneau A I, qui represente la profondeur de ce second Cuveau , & qui est encor 13. vous aurez 143. qu'il faut joindre au premier produit 169. & il ne viendra ny plus ny moins que 312. comme auparavant.

Il en est de mesme du premier Tonneau proposé Figure 10. dont les deux fonds sont égaux, & de 8. de hauteur, la grosseur du milieu estant 10. & la longueur de 24. la demy longueur sera 12. pour la profondeur d'un de ces Cuveaux égaux assemblés & faisants le milieu & la grosseur du Tonneau , dites donc par cette presente pratique 8. & 10. font 18, dont la moitié est 9. que nous avons posé pour Diamétre moiens par lesquels 9. multipliant 12. profondeur d'un de ces Cuveaux égaux, le produit sera 108. qui doublés, par ce que l'autre est égal, produiront 216. trouvés par la premiere pratique.

On pourra encor par cette mesme methode Jauger toute sorte de Tonneaux si irreguliers ils puissent estre, comme le marqué Figure 12. où les deux fonds ne sont pas seulement inégaux, mais encor la plus grande grosseur qui est à l'endroit du bondon n'est point située justement au milieu de la longueur comme des precedents, mais entre 8. & 18, ce que les Jaugeurs ordinaires ne sçauroient exécuter à l'aide du premier & second Article, à moins qu'ils ne soient bons Géometres & qu'ils ne sçachent parfaitement bien les reductions Geometriques, ils le feront pourtant bien icy, en considerant ce Tonneau comme deux Cuveaux abouchés de diverses profondeurs, l'un de 18. & l'autre de 8 ; prenons donc le plus grand A B C D, l'embouchure ou l'ouverture superieure estant 16. & son fond 8, l'égalisation de ces deux differents Diamétres sera par la Médiale d'environ 11. $\frac{2}{3}$ & non pas 12. par lequel nombre 11. $\frac{2}{3}$ il faut multiplier la profondeur 18. pour avoir 210. contenu de A B C D, qu'il faut écrire à part ; venons à l'autre partie A B E F, 16. & 12. pour les deux Diamétres dont l'égalisation par la Médiale seroit tant soit peu moins que 14. ce peu moins n'estant point sensible icy, nous prendrons justement 14. qu'il faut multiplier par la profondeur 8. & feront 112. pour le contenu de cette autre partie A B E F, lesquels adjoûtant à 210. produit de la

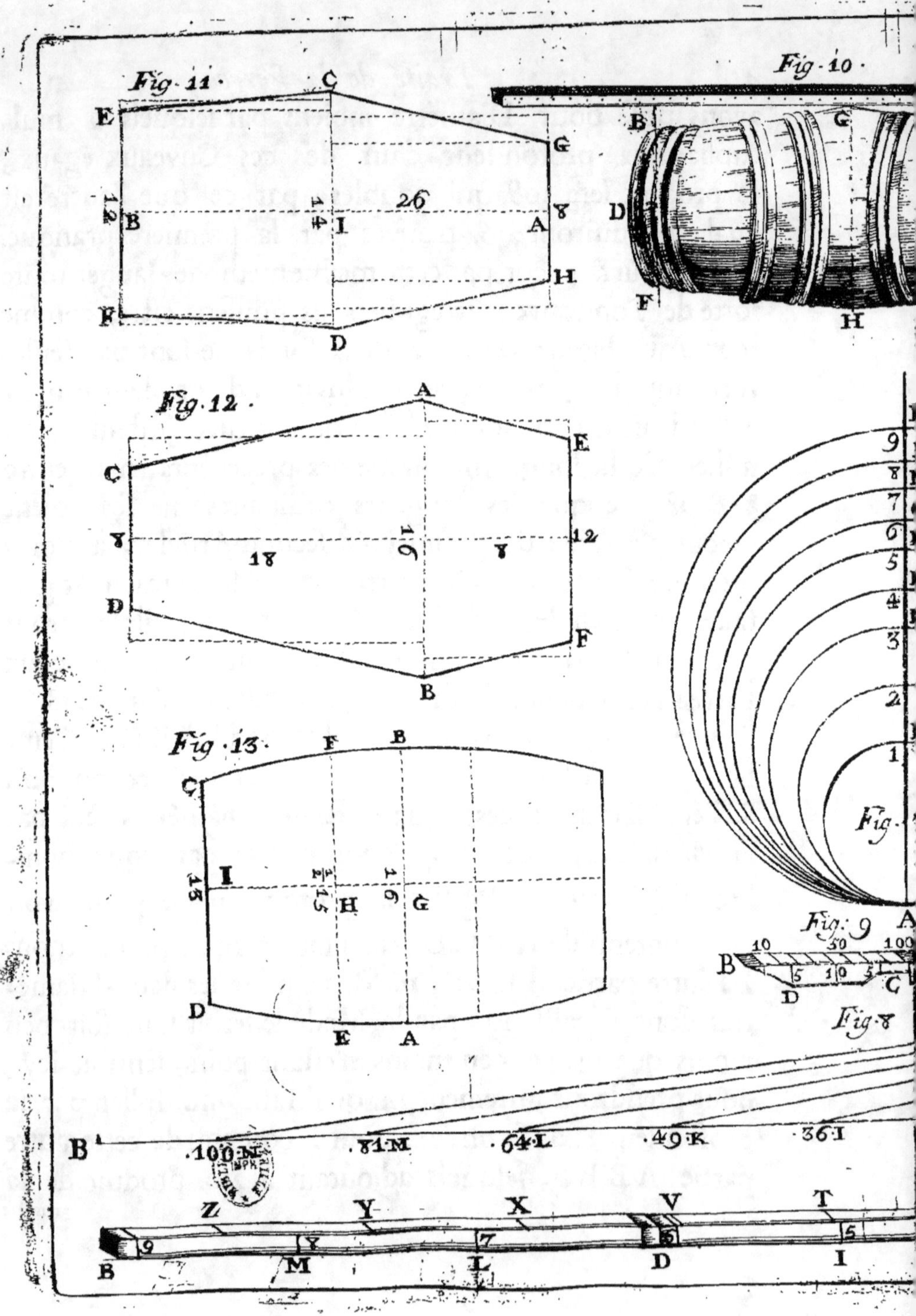
Fig. 11.
C
E
G
12 B
14 I
26
8
A
F
D
H
Fig. 10.
B
G
D
F
H
Fig. 12.
A
E
C
Y
16
12
18
7
D
F
B
Fig. 13.
F
B
C
I
2 1/5
15
H
16
G
D
E
A
9
8
7
6
5
4
3
2
1
Fig.
Fig. 9.
A
B
10
30
100
5
10
5
D
G
Fig. 8.
B
100 N
81 M
64 L
49 K
36 I
Z
Y
X
V
T
9
8
7
6
5
B
M
L
D
I

B	D	F	H	K	M	O	Q	S
Mesures.	Diamétres.		Mesures.	Diamétres.		Mesures.	Diamétres.	
1.	1. 00.		35.	5. 91.		69.	8. 30.	
2.	1. 41.		36.	6. 00.		70.	8. 36.	
3.	1. 73.		37.	6. 08.		71.	8. 42.	
4.	2. 00.		38.	6. 16.		72.	8. 48.	
5.	2. 23.		39.	6. 24.		73.	8. 54.	
6.	2. 44.		40.	6. 32.		74.	8. 60.	
7.	2. 64.		41.	6. 40.		75.	8. 66.	
8.	2. 82.		42.	6. 48.		76.	8. 71.	
9.	3. 00.		43.	6. 55.		77.	8. 77.	
10.	3. 16.		44.	6. 63.		78.	8. 83.	
11.	3. 31.		45.	6. 70.		79.	8. 88.	
12.	3. 46.		46.	6. 78.		80.	8. 94.	
13.	3. 60.		47.	6. 85.		81.	9. 00.	
14.	3. 74.		48.	6. 92.		82.	9. 05.	
15.	3. 87.		49.	7. 00.		83.	9. 11.	
16.	4. 00.		50.	7. 07.		84.	9. 16.	
17.	4. 12.		51.	7. 14.		85.	9. 21.	
18.	4. 24.		52.	7. 21.		86.	9. 27.	
19.	4. 35.		53.	7. 28.		87.	9. 32.	
20.	4. 47.		54.	7. 34.		88.	9. 38.	
21.	4. 58.		55.	7. 41.		89.	9. 43.	
22.	4. 69.		56.	7. 48.		90.	9. 48.	
23.	4. 79.		57.	7. 54.		91.	9. 53.	
24.	4. 89.		58.	7. 61.		92.	9. 59.	
25.	5. 00.		59.	7. 68.		93.	9. 64.	
26.	5. 09.		60.	7. 74.		94.	9. 69.	
27.	5. 19.		61.	7. 81.		95.	9. 74.	
28.	5. 29.		62.	7. 87.		96.	9. 79.	
29.	5. 38.		63.	7. 93.		97.	9. 84.	
30.	5. 47.		64.	8. 00.		98.	9. 89.	
31.	5. 56.		65.	8. 06.		99.	9. 94.	
32.	5. 65.		66.	8. 12.		100.	1. 000.	
33.	5. 74.		67.	8. 18.				
34.	5. 83.		68.	8. 24.				
A	C	E	G	I	L	N	P	R

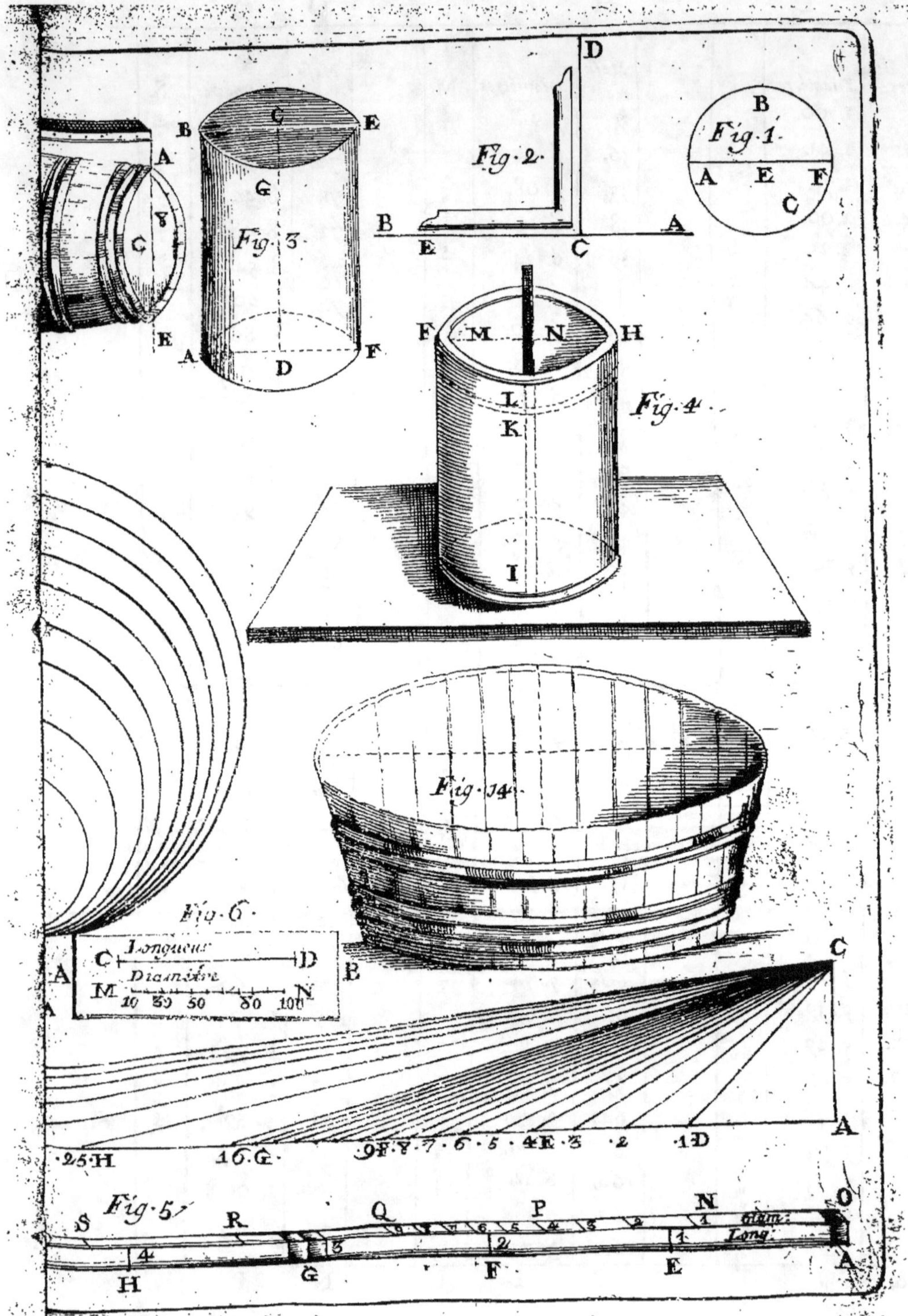
B
A
C
Fig. 3
C
E
G
A D F
Fig. 2
B
E C A
Fig. 1
B
A E F
C
F M N H
L
K
Fig. 4
I
Fig. 14
Fig. 6
C Longueur D
Diametre
M 10 30 50 80 100 N
A
A
E
C
A
25 H 16 G 9 F 8 7 6 5 4 E 3 2 1 D
Fig. 5
S R Q P N O
diam.
Long.
4 3 2 1
H G F E A

premiere feront en tout 322. Mefures pour le contenu du Tonneau irregulier propofé C D E F Figure 12.

Si les Cuves & Cuveaux font faits en forme d'oval comme il y en a beaucoup, il faut mefurer avec les parties homologues de la Verge qui font autant de Diamétres & de parties égales, la longueur & largeur de l'oval du fond par la Prop. 136. de noftre Geometrie pratique, en faire autant de l'oval fuperieur & prendre la moitié de la fomme des deux pour la multiplier par la hauteur trouvée de la mefme maniere que cy deffus avec les longueurs égales de ladite Verge, enfuite faire la divifion pour en avoir le contenu; voiés la Figure 14. & pour foulager les moins intelligents qui feroient pourtant curieux de le fçavoir, en voicy la pratique; mefurés la longueur & largeur de voftre oval avec lefdites parties homologues & égales & multipliés les unes par l'autre, le produit fera le troifiéme terme d'une regle de proportion ou de trois qui eft le mefme; les deux autres termes premier & fecond feront toûjours 14. & 11; dites donc fi 14. donnent 11. que donera le multiple de la longueur & de la largeur? le produit c'eft à dire le quatriéme terme donnera la fuperficie ovalle cherchée; il en faut faire autant de l'oval de la bouche, adjoûter les deux produits en un & en prendre la moitié comme devant qu'il faut multiplier par la profondeur, pour avoir enfin le requis.

Autrement cherchés entre la longueur & la largeur trouvées comme deffus un nombre moien ou une moienne proportionnelle, cette moienne proportionnelle sera par la Prop. 108. de nôtre dite Geometrie pratique le Diamétre d'un cercle qui contiendra autant dans la superficie que l'oval donné : faites une somme des deux superficies circulaires esquelles seront reduites les deux differentes bases ovales tant superieure qu'inferieure du Cuveau proposé & prenez en la moitié que vous multiplierez enfin par la hauteur ou profondeur du Vaisseau mesurée par les longueurs égales & ordinaires de la Verge , vous aurez le requis comme auparavant.

J'advouë que ces derniers discours sont un peu succints mais je les crois suffisants dans le dessein que je me suis fait, en les mettant icy en passant , de parler à des sçavants déja dans cette matiere & non pas à des Apprentifs, pour lesquels il faudroit faire des traités entiers de principes.

J'advouë encor icy avec les plus sçavants Géometres que la maniere la plus exacte de mesurer un Tonneau est de le considerer comme deux cones tronqués A E G H & G H B F dans la Figure 10. ou plutost encor selon le sentiment d'un des plus correctes & modernes, a cause que les douves dans leurs longueurs vont toûjours un peu en courbant & non pas en lignes droites, comme on le suppose dans l'égalisation que l'on en fait de considerer sa moitié en la Figure 13. comme deux cones aussi tronqués , dont le premier tronçon A B E F finit toûjours au tiers de G I en H & l'autre E F C D en contient le reste , la solidité desquels estant trouvée , en la doublant on aura au juste le contenu du tout.

Tout ce qu'il y a de difficil, c'eſt de trouver la longueur de la ligne E F, par ce qu'en cet endroit le Tonneau n'eſt point percé pour la meſurer méchaniquement,
il en donne le moien en cette ſorte ; prenés la difference
d'entre A B & C D; de cette difference tirés la ſixiéme
partie, qu'il faut oſter du plus grand Diamétre A B,
le reſte ſera la longueur de E F. Je ne dis point icy comme
ces cones tronqués ſe meſurent, ceux qui ſont Géometres ny trouveront point de difficulté, les autres qui le
voudront ſçavoir auront recours à ce que nous avons
enſeigné dans nôtre Pratique de Géometrie Prop. 151.
Cét Autheur moderne pretend qu'au calcul fait par
l'égaliſation des fonds, il faut encor adjoûter une trente-
uniéme partie du tout pour avoir la capacité du Tonneau la plus approchante de la veritable, comme de
fait, j'en ay fait l'épreuve par les parties cubes d'une
Meſure, il vient plus en effet que par l'égaliſation, les
raiſons en ſont palpables que je ne dis point icy de peur
de groſſir inutilement ce Livret qui contient la Pratique
la plus ordinaire, & qui à lieu par tout, par ce qu'elle
eſt aiſée, puis qu'elle donne d'abord les Méſures cher-
chées du lieu, ſans qu'il ſoit beſoin de ſçavoir combien
de cubes il y a dans ces Meſures, ny combien de ces
Meſures il y a dans un certain cube ; ce qui y manque
ne pouvant point eſtre conſiderable, que dans un bien
grand nombre de Méſures.

ARTICLE V.

De la pesanteur des Liqueurs.

ON peut par cet Article satisfaire à curiosité de ceux qui voudroient sçavoir la pesanteur d'un Tonneau de Vin, Biere &c. par ce qu'il n'y a qu'à peser une des petites Mesures selon laquelle la Verge a esté faite, puis ayant Jaugé le Vaisseau, comme nous avons enseigné & trouvé le nombre des Mesures qu'il contient, il faut multiplier le nombre de ces Mesures trouvées par la pesanteur d'une seule le produit de cette multiplication donnera la pesanteur de tout le contenu, par exemple le Vaisseau proposé contient 10. hottes & le pot de Vin pesant 3. ½ livres sont 51. ⅗ onces, il faut multiplier 10. hottes, c'est a dire 180. pots a 18. l'une comme cy dessus par 51. ⅗ onces, le produit de cette multiplication sera 580. livres pour la pesanteur de 10. hottes de Vin, ainsi des liqueurs.

Dans ces multiplications & divisions, j'ay pris icy le grand chemin des Reductions à la plus basse espéce pour me faire entendre de ceux qui ne sçavent pas beaucoup d'Arithmetique, car pour multiplier briefvement 180. par 3. ⅖ je prends le tout 180. trois fois qui font 540. & les ⅖ de 180. qui font encor 40. lesquels jointes à ces 540. feront en tout d'abord pour le produit entier 580. livres pesant comme dessus.

J'aurois fait comme j'ay déja dit , la Demonſtration de tout ce que j'ay donné dans les deux Parties de ce petit Traité , mais comme je ne l'ay fait que pour la pratique des Artiſans , & des Chefs de famille à qui il importe de la connoiſtre , & qui ſe ſatisfont ſuffiſamment en portant la main à l'œuvre ſans ſe ſoucier de la demonſtration que nous en fourniſſent les raiſonnements de la Theorie , je les ay obmis tant pour cette raiſon que pour ne point groſſir ce petit Ouvrage , afin que ſe donnant à prix modique , chacun le puiſſe avoir commodement ; pour les Sçavants ils verront facilement que tout le ſecret de cette Verge eſt appuié ſur la Doctrine d'Archimede touchant la dimenſion de Cylindre.

Il auroit fallu joindre icy la Pratique des premieres Regles de l'Arithmetique ſimple , & quelque choſe des Fractions tant Arithmetiques que vulgaires , du moins ce dont on ne ſe peut point paſſer dans l'exécution du calcul qu'il faut faire dans cette Pratique, mais voulant finir icy cet eſſay , je renvoie ceux qui la voudront apprendre ou en tout ou en partie, aux Traités tant entier qu'en abbregé que nous en avons fait imprimer à Luxembonrg chez le Sieur Chevalier, ils y trouveront dequoy ſe ſatiffaire & peut eſtre ce qu'ils n'ont jamais ſçeu , & dont ils n'ont point encor entendu parler.

Qui ſperat nihil, deſperet nihil.

F I N.

9 782013 559034